DISCOURS

PRONONCÉ LE 5 SEPTEMBRE 1903

A L'OUVERTURE DU

Congrès de l'« UNION RÉGIONALISTE BRETONNE »

A LESNEVEN

Par M. DE L'ESTOURBEILLON

DÉPUTÉ

DIRECTEUR DE L'UNION RÉGIONALISTE

REDON

IMPRIMERIES RÉUNIES A. BOUTELOUP

1903

DISCOURS

PRONONCÉ LE 5 SEPTEMBRE 1903

A L'OUVERTURE DU

Congrès de l'« UNION RÉGIONALISTE BRETONNE »

A LESNEVEN

Par M. DE L'ESTOURBEILLON

DÉPUTÉ

DIRECTEUR DE L'UNION RÉGIONALISTE

REDON

IMPRIMERIES RÉUNIES A. BOUTELOUP

1903

SOMMAIRE

Co que doit être le Congrès de Lesneven. — *BREIZ DA VIRVIKEN!* — La Pensée des Fondateurs de l'Union. — Son œuvre décentralisatrice. — La Bretagne assouplie. — Le Réveil d'une Race. — L'Union réprouve hautement toute idée de Séparatisme, aussi chimérique que coupable ; mais elle poursuit la plus large décentralisation sur le terrain breton. — Son Loyalisme intangible lui commande de n'avoir qu'un but et qu'une doctrine : « La plus grande Bretagne dans la plus glorieuse France. »

Breiz da Virviken !

Bretagne à Jamais !

C'est un véritable élan de Foi et de Patriotisme, qui réunit aujourd'hui à nouveau les Bretons de tous les dialectes d'Armorique à ce 5ᵉ Congrès de l'*Union Régionaliste bretonne* ; élan de foi, consolant et plein de promesses en l'avenir de notre chère petite Patrie, au milieu d'une époque de scepticisme haineux, génératrice de tant de ruines ; — élan de Patriotisme admirable, alors que toute une Ecole et déjà nombre de mauvais citoyens, semblent prendre quotidiennement à tâche de bafouer notre immuable attachement à ce Passé, à ces traditions des ancêtres, source à jamais féconde de la grandeur Bretonne. — Au moment où semblent même menacés tous ces principes essentiels de la Loi morale, qui furent la base de toutes les sociétés, où toute croyance est réputée une tare, tout idéal considéré comme une folie, toute fidélité comme une aberration mentale, où tant d'esprits anémiés ou désséchés par la haine, vont jusqu'à renier avec un égal et ignoble dédain, *Dieu*, la *Patrie* et la *Liberté*, est il rien de plus doux et de plus réconfortant pour une âme bretonne, que de revivre pendant quelques jours, de cette vieille fraternité celtique, qui nous invite à répéter de tout notre cœur dans une parfaite communauté d'idées et de sentiments, le vieux cri des Anciens : *Breiz da Virviken !* Bretagne à jamais !

Oui ! Bretagne à jamais ! c'est l'expression qui, mieux que toute autre, aujourd'hui et dans l'avenir, résume toutes nos pensées et nos espérances ; la chère devise qui, comme une lumineuse étoile, doit nous guider vers le But, doit inspirer nos actes et nos travaux.

Ce fut là aussi, la noble pensée à laquelle obéirent nos éminents collègues, fondateurs de l'*Union Régionaliste* bretonne, lorsqu'elle naquit à Morlaix, il y a six ans. Mais si ces bons ouvriers de la première heure, auxquels on ne saurait trop réserver toute sa gratitude, sentaient bien vivement l'impérieux besoin de conserver à la Bretagne, son très riche Patrimoine artistique et littéraire, de faire revivre et durer ses traditions et ses légendes, peut-être ne soupçonnaient-ils pas, l'importance de l'œuvre décentralisatrice qui en devait résulter. — Mais voici que déjà les vrais fils d'Arvor ont songé et pu voir qu'après un long sommeil, la Bretagne n'était qu'assoupie, que ses fils appartenaient toujours à ces races fortement trempées, dont la vitalité est assez puissante pour montrer au monde qu'elles peuvent avoir une vie propre, s'affirmant par un constant attachement à la vieille langue nationale, un respect permanent pour les traditions religieuses de leurs pères et leurs ressources multiples d'organisation économique et sociale.

Et aux sceptiques gouailleurs qui le voudraient contester, est-il de meilleure réponse que les succès toujours croissants de nos premiers Congrès ?

Antérieurement, notre chère petite Patrie, abandonnée à elle-même comme un navire désemparé, sans pilote et sans voiles, privée de toute direction efficace, ballotée d'écueils en écueils, frappée de tous côtés par les coups de ses adversaires ou du sort, semblait ne plus attendre que le coup de grâce du vainqueur, pour s'éteindre à jamais et disparaitre du rang des Nations. En vain quelques derniers vaillants, s'obstinaient-ils à proclamer dans leurs écrits, l'amour obstiné de nos compatriotes pour la chère langue nationale, l'immuable fidélité d'un grand nombre aux usages d'autrefois, rien ne semblait ramener l'antique terre d'Arvor et la pauvre paralytique semblait figée à tout jamais dans une léthargie suprême.

Mais voici que, grâce à ces Congrès, sous l'influence de ces merveilleuses représentations du *Théâtre populaire*, agissant sur tous les points du territoire et grâce à l'apostolat incessant des Bardes de la nouvelle École, nous avons assisté au Réveil de la Patrie. De toutes parts ont surgi des pléiades de poëtes, d'écrivains ou d'historiens bretons proclamant dans notre vieille langue, la nécessité impérieuse de la rénovation de la race, inspirant à chacun une conscience plus nette de sa force et de ses devoirs.

L'étude de la Langue bretonne est apparue à beaucoup comme une nécessité de tout premier ordre. On a compris enfin suivant l'expression du regretté Charles de GAULLE, « qu'une langue résume un peuple tout entier ; que rien ne lui appartient davantage en propre.

On s'est enfin rendu compte : « que c'est là le moule qui reçoit l'empreinte du caractère distinctif d'une Nation et qui, à son tour, imprime peu à peu ce caractère aux esprits qui y renferment habituellement leurs pensées ».

Et nombre de nos compatriotes se sont mis à l'œuvre avec ardeur.

Etendant ensuite le domaine de leur action, ils ont fait de la plus large décentralisation, l'objet de leurs préoccupations constantes, soucieux de la faire aboutir dans toutes les branches de l'activité bretonne. — Honneur à eux mes chers compatriotes. Honneur aussi et merci à la noble cité de Lesneven, qui, en donnant l'hospitalité à nos laborieuses assises, aura, elle aussi, largement contribué bientôt à l'épanouissement de nos efforts, à la résurection de notre chère Bretagne.

Il n'est certes point douteux que les critiques ou les attaques de toutes sortes ne nous manqueront point. Mais que nous importe :

Fils d'Ancêtres bretons, pieux, braves, rêveurs,
Sachons rêver, sachons aimer et sachons croire (1)

Sachons aussi surtout demeurer nous-mêmes,

---

(1) L. Tiercelin. *Poésies.*

et mettre largement en œuvre ce vieil esprit celtique qui fait vibrer nos âmes, aussi bien sinon mieux en Bretagne que dans maintes régions de la France où il constitua toujours la meilleure partie du tempérament français avant son altération par les idées latines. — *Or, c'est par la seule décentralisation que nous récupérerons, non pas une sorte d'autonomie de fait, qu'il serait aussi chimérique d'espérer que coupable de vouloir, mais cette autonomie morale, constituée par un respect plus équitable de nos traditions et de nos libertés, auquel nous avons d'indéniables droits.*

Telle est la règle immuable qu'a toujours commandée aux Bretons, leur loyalisme intangible envers notre chère grande Patrie . la France, quelles que soient les tyranniques mesures qu'elle essaye de prendre parfois sans raison contre une de ses filles les plus vaillantes et les plus fidèles. Car il ne saurait être pour nous de plus noble désir, que de vouloir hautement, en la faisant nôtre, la célèbre doctrine de l'Américain Monroë : LA PLUS GRANDE BRETAGNE DANS LA PLUS GLORIEUSE FRANCE.

Ce but, mes chers compatriotes, avec le secours de Dieu, nous pouvons l'atteindre et j'ai le ferme espoir que nous l'atteindrons. Le Congrès de Lesneven verra s'affirmer plus que jamais, j'en suis convaincu, notre immense amour de la petite Patrie et notre invincible ardeur à travailler à sa sauvegarde. Puissions-nous ensuite regagner nos foyers en constatant que si nous le voulons, *Breiz* ne saurait périr ; et répétant avec Brizeux, le cher poète national dont l'auréole centennale semble reluire à point pour éclairer le berceau de notre rénovation :

« Non ! nous ne sommes pas les derniers des Bretons ! »

ACHEVÉ D'IMPRIMER

EN LA FESTE DE SAINT MICHEL ARCHANGE,

CE 29 SEPTEMBRE 1903

ÈS PRESSES DE AUG. BOUTELOUP,

IMPRIMEUR A REDON.

9 782019 982546